2

3

4

5

7

8

9

10

12

13

14

¡PAREN, ALLÁ VIENEN LUIS Y FERNANDO!

¡CARMEN, MIRA A FERNANDO! ¿CREES QUE PODRÍA LOGRARLO?

¡FERNANDO, ESTÁN LEJÍSIMOS! ES RÍDICULO QUE LO INTENTES.

ES MUY IMPROBABLE QUE LO LOGRE, ESTAMOS MUY LEJOS.

16

18

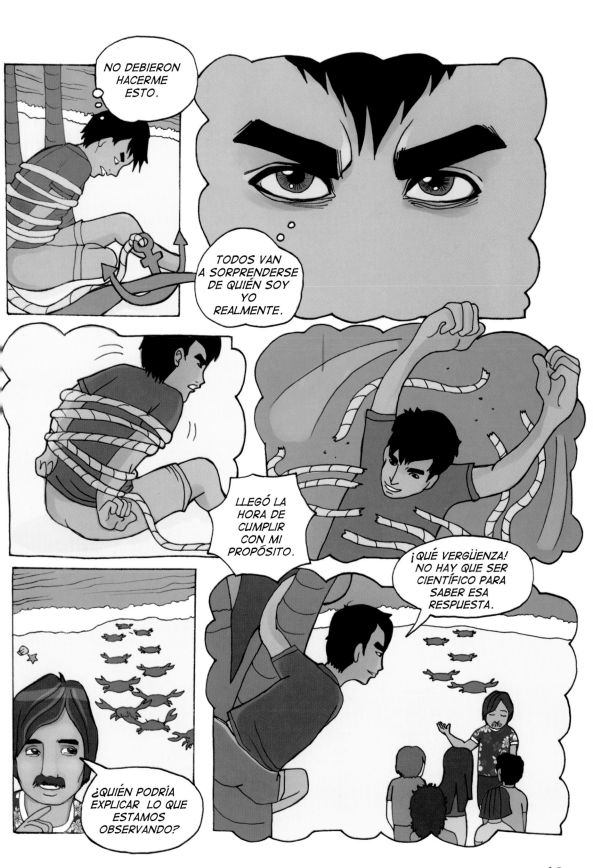

19

23

24

25

26

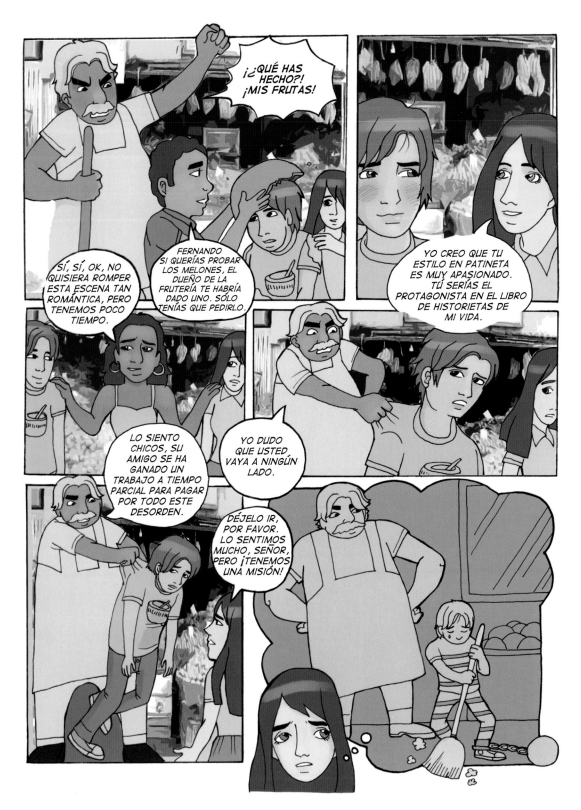

28

29

30

fin.